D1434955

Omraam Mikhaël Aïvanhov

3e édition

COMMENT LA PENSÉE SE RÉALISE DANS LA MATIÈRE

311

EDITIONS PROSVETA

Le texte de cette brochure est paru
dans « Puissances de la pensée »
(N° 224 de la collection Izvor).

© Copyright 1993 réservé à S.A. Editions Prosveta pour tous pays. Toutes reproductions, adaptation, représentation ou éditions quelconques ne sauraient être faites sans l'autorisation de l'auteur et des éditeurs. De même toutes copies privées, toute reproduction audio-visuelle ou par quelque moyen que ce soit ne peut être faite sans l'autorisation des auteurs et des éditeurs (Loi du 11 Mars 1957 révisée).

Editions Prosveta S.A. – B.P.12 – 83601 Fréjus Cedex (France)

ISSN 0763-7233
ISBN 2-85566-450-0

Il faut revenir sans cesse sur cette question de la pensée : ce qu'elle est, comment elle travaille, comment elle se réalise dans la matière et quelles sont les conditions nécessaires pour qu'elle se réalise. Beaucoup de choses dans la vie dépendent de la bonne compréhension de cette question. Si elle n'est pas claire, un grand nombre de problèmes resteront sans solution.

Certains spiritualistes, ayant lu quelque part que la pensée est une force toute-puissante, sans avoir bien étudié dans quel cas c'est vrai et dans quel cas ça ne l'est pas, se lancent dans des exercices de concentration pour obtenir des résultats dans le plan physique et comme ils ne les obtiennent pas, ils sont déçus. Mais, même s'ils se concentrent pendant des années, ils n'arriveront à rien parce qu'ils n'ont pas bien étudié la question. La pensée est toute-puissante, c'est vrai, mais pour comprendre en quoi consiste sa puissance, il faut savoir dans quelle région et avec quels matériaux elle travaille, comment elle influence d'autres régions, et puis d'autres encore, jusqu'à descendre dans la matière.

La nature a établi des lois. Alors pourquoi l'homme devrait-il perdre tellement de temps et de force pour enfreindre ces lois ? Si vous voulez faire venir un morceau de sucre du sucrier jusqu'à votre bouche, vous aurez beau vous concentrer, il ne bougera pas... et vous serez découragé, déçu. Tandis que, regardez : prenez-le avec la main, mettez-le dans votre bouche et ça y est, pas d'histoires ! La nature nous a donné une main pour saisir les objets. Vous direz : « Mais alors, que doit-on faire avec la pensée ? » Avec la pensée on peut réaliser des choses beaucoup plus importantes, seulement il faut connaître sa nature, son mécanisme, et savoir comment elle travaille.

La pensée est une force, une énergie, mais c'est aussi une matière très subtile qui travaille dans une région très éloignée du plan physique. Prenons l'exemple des antennes. Vous avez vu des antennes de radio ou de télévision quelque part sur un toit ou au sommet d'une tour, et vous savez qu'elles servent à capter des ondes, des vibrations. Depuis le temps qu'elles sont là, sont-elles recouvertes d'une matière, ont-elles gardé un dépôt de ce qu'elles ont capté ? Non, elles n'ont changé ni de poids ni de volume ;

elles ont bien reçu quelque chose, mais ce quelque chose n'est pas matériel. Il faut toujours un point de départ matériel pour produire des ondes, mais les ondes elles-mêmes ne sont pas matérielles. Donc, les antennes captent des vibrations, certaines longueurs d'onde, puis les transmettent à des appareils de toutes sortes qui, à leur tour, transmettent ces mouvements à d'autres appareils qui déclenchent alors des phénomènes physiques.

Ou encore supposez qu'il y ait une boule, là, par terre ; avec la main ou à l'aide d'un objet, je la frappe et, en la frappant, je lui communique une énergie. Je ne lui ai rien communiqué de matériel, mais cette boule se met à rouler parce qu'il y a eu transmission d'une énergie qui l'a mise en mouvement jusqu'à épuisement de cette énergie ou rencontre d'un obstacle.

Ces exemples peuvent vous faire comprendre que les pensées que nous formons ne touchent pas encore la matière dense, visible ; elles ne touchent et ne font vibrer que ce qui se rapproche le plus de leur nature, c'est-à-dire les éléments les plus subtils qui existent en nous ou chez les autres. Donc, notre pensée se communique exactement comme l'énergie motrice se communique à la boule.

La pensée en tant qu'énergie, vibration,

force, est perçue par certains centres qui sont munis d'antennes ; ces antennes, situées dans le cerveau ou même plus haut, dans le plan éthérique, se mettent à vibrer et à transmettre des messages aux autres appareils ; à ce moment-là dans tout le corps, il se produit des enregistrements, des déclenchements, des circulations de forces, d'énergies. Evidemment, on ne le voit pas et il est inutile de s'attendre à voir des résultats dans le plan physique. Mais un changement s'est produit dans le plan subtil ; et maintenant, si l'on fait en sorte que la communication puisse avoir lieu avec d'autres régions plus denses, d'autres appareils beaucoup plus grossiers, on arrivera au rétablissement complet de tout le système de contacts et de communications. Comme dans une usine, regardez : tout est branché, tout est prêt ; il y a juste un bouton, là, un simple bouton sur lequel il suffit d'appuyer ; comme il est relié à une quantité de rouages, de circuits de transmission, toutes les machines se mettent en marche...

Si on arrive à réaliser un branchement analogue dans l'être humain, la pensée peut immédiatement produire des résultats tangibles dans la matière. Mais si la communication n'est pas établie de façon correcte d'un plan à l'autre, la pensée ne peut pas tout de suite agir : il y a des trous, des zones mortes, le courant ne passe pas.

La pensée que l'homme projette agit déjà dans sa région en haut et elle met en marche des appareils d'une grande subtilité, mais elle ne peut rien produire dans le plan physique tant que les relais de transmission ne sont pas installés. Dès qu'on établit la communication, les énergies circulent et peuvent produire des résultats dans la matière. A ce moment-là, oui, la pensée est puissante, elle est magique, elle se manifeste en plénitude.

Maintenant, pour que ce soit clair, sachez que lorsqu'on dit que la pensée se réalise, c'est absolument vrai, mais il faut comprendre comment. Prenons l'exemple d'un homme qui devient un voleur. Tout d'abord il se contente d'imaginer : « Ah ! il me suffirait de me faufiler là, d'allonger le bras... » Il n'a pas encore tellement le désir ni le courage de le faire ; de temps en temps seulement, il s'adonne à ces pensées, il imagine la scène, les circonstances : la foule dans le métro ou un grand magasin, et sa main qui se glisse dans une poche, un sac ou sur un rayon. Mais cela reste encore dans le plan mental, il ne fait rien, il en est incapable. Seulement voilà, comme cette pensée s'est enregistrée, elle déclenche certains rouages dans le plan astral et, de là, se fraie son chemin pour descendre jusque dans la matière. Et la matière, ici, pour notre voleur, c'est l'acte, le geste, l'application. Tout d'abord, c'est comme s'il ne se passait rien ; ce que trame cet homme reste invisible, en apparence il est honnête, intègre. Mais déjà sa pensée est descendue dans le plan du sentiment : il commence à désirer ardemment sa réalisation, et cette réalisation ne va pas tarder. Les communications, les branchements sont en train de se faire, et voilà qu'un beau jour, sa main s'empare tout naturellement d'un porte-feuille ou d'un objet. Donc, vous voyez, sa pensée qui était très haut dans le plan mental, est descendue dans le plan astral, le plan du désir, et de là, dans le plan physique. Comment peut-on dire alors que la pensée ne se réalise pas ?

Prenons encore un exemple. Un homme est doux, pacifique, idéaliste. Quand on lui donne une gifle, il tend même l'autre joue. Mais voilà qu'un jour, en lisant des ouvrages historiques, il tombe sur les idées de certains penseurs, de certains hommes politiques du passé qui ont bouleversé la société et entraîné les foules dans toutes sortes d'aventures. Il se prend de passion pour eux, se nourrit de leurs œuvres et devient de plus en plus audacieux. Enfin, il s'inscrit dans un parti, il commence à agir, il devient capable de persuader, d'entraîner les autres et le voilà à la tête d'une révolution dans son pays. Tout a commencé par des idées, des théories, une philosophie. Donc comment nier que la pensée est d'une puissance formidable ? Elle est invisible, elle n'arrive pas à faire bouger un morceau de sucre, mais elle peut soulever des millions d'hommes !...

La pensée passe à travers les murs et les objets sans laisser de traces, et pour qu'elle agisse sur la matière il faut construire des ponts, c'est-à-dire toute une série d'intermédiaires. Faites-la passer par ces intermédiaires et vous verrez qu'elle est capable d'ébranler l'univers entier. C'est le sens de la phrase d'Archimède : « Donnez-moi un levier, je soulèverai la terre ! » Le levier était cet intermédiaire. Il faut toujours un intermédiaire, et la pensée n'est puissante et agissante qu'à condition qu'on la fasse passer par des intermédiaires qui lui permettent de descendre jusque dans la matière.

Vous avez des idées, elles sont magnifiques, divines même, c'est entendu, mais avez-vous vraiment des résultats ?... Non ? Cela prouve que vous devez encore travailler pour faire descendre ces idées jusque dans le plan physique. Eh oui, voilà la question, il faut les faire descendre. Vous dites : « J'ai des idées ». Bravo, c'est très bien, mais ces idées vous laisseront mourir de faim et de soif si vous ne savez pas comment les concrétiser par des actes. Il ne suffit pas d'avoir des idées. Beaucoup de gens en ont, mais ils vivent de telle sorte qu'il n'existe jamais de communication entre ces idées et leurs actes. Il faut un intermédiaire, un pont ; et cet intermédiaire est le sentiment. A travers le sentiment, les idées prennent chair et os et viennent toucher la matière.

Le sentiment est donc ce levier capable d'agir sur la matière. La pensée, trop lointaine, trop subtile, passe sans rien pouvoir toucher ni faire vibrer. Elle ne peut toucher que nos « antennes », nos appareils les plus subtils, qui sont situés très haut, dans le domaine de l'esprit. Pour atteindre la matière, l'esprit doit passer à travers l'âme, c'est-à-dire à travers l'intellect et le cœur. Je peux vous expliquer cela par analogie à l'aide d'un phénomène que vous connaissez tous : l'action du soleil sur l'air, l'eau et la terre.

Le soleil chauffe l'air et la vapeur d'eau qui constituent l'atmosphère, l'air chaud tend à s'élever, créant des zones de basse pression tandis que l'air froid se comprime, se tasse contre le sol, créant des zones de haute pression. Alors des hautes pressions vers les basses pressions circulent les vents. Quand la différence de pression s'accentue, les vents deviennent très violents et il peut se produire des tornades et des ouragans dévastateurs. De plus, sous l'effet de la chaleur du soleil, l'eau des océans, des mers, des lacs, des rivières, s'évapore et monte. Lorsque l'air atteint un état de saturation, la vapeur d'eau se transforme en pluie ou en neige, et les averses et les torrents agissent sur la terre et modèlent le relief. Chaque jour ces phénomènes atmosphériques se produisent sur toute la surface de la terre. Et leur cause, c'est le soleil.

En nous le soleil correspond à l'esprit, l'air à la pensée, l'eau au sentiment, la terre au corps physique. Lorsque l'esprit agit sur la pensée, la pensée entraîne à son tour le sentiment, et le sentiment se jette sur le corps physique pour le faire courir, gesticuler, parler. Donc, le corps physique se meut sous l'effet du sentiment, le sentiment est éveillé par la pensée, et la pensée naît sous l'influence de l'esprit... Ce mécanisme est là, chaque jour, sous nos yeux : sous l'influence de l'air, l'eau modèle la terre, lui donne des formes, la sculpte. Certains endroits se comblent par alluvion, d'autres s'effritent et sont emportés dans la mer, ainsi de suite... De même, par son esprit, sa pensée, l'homme peut agir sur le corps physique, mais à condition de mettre l'air et l'eau entre les deux. L'air représente ici le système nerveux, et l'eau représente le sang. Le système nerveux règle la circulation du sang dans l'organisme, et le sang dépose certains éléments, en enlève d'autres et façonne ainsi le corps physique.

On peut étudier ce sujet de manière plus détaillée, mais pour aujourd'hui je vous indique quelques grandes lignes. Moi, c'est l'idée générale qui m'intéresse, et on peut en tirer cette conclusion : si l'être humain savait interpréter et appliquer dans sa vie intérieure ce processus naturel, normal, de l'action du soleil sur la terre par l'intermédiaire de l'air et de l'eau, il pourrait opérer de grandes transformations en lui et en dehors de lui. Voilà en quoi consiste la puissance de la pensée !

Il faut donc savoir, avant tout, que la pensée ne peut pas exercer directement son pouvoir dans le plan physique. Il faut des intermédiaires. On ne prend pas des braises ou du potage avec la main, mais avec des pincettes ou une louche. Il en est de même pour tout. Et le bras, si l'on veut comprendre ce qu'est un bras, eh bien, c'est justement l'intermédiaire entre la pensée et l'objet. Lorsque je prends ce morceau de sucre, qui agit ? C'est ma pensée. Oui, par l'intermédiaire de mon bras, c'est ma pensée. Et supposez maintenant que ma pensée reste inactive... Voilà, j'ai le bras, mais aucune pensée, aucun désir ne le pousse à prendre ce sucre : eh bien, mon bras n'ira pas le prendre. C'est dans ce sens que l'on peut parler de la puissance de la pensée.

C'est toujours la pensée qui fait courir les gens ou qui les arrête, qui suscite les guerres, les dévastations ou les plus nobles entreprises... Oui, la pensée est agissante mais à condition qu'il y ait des bras pour la réaliser. Et l'homme aussi est un exécutant, un bras. Le bras de l'homme est un symbole de l'homme lui-même qui représente alors un autre bras. Oui, le bras est un résumé de l'homme ; l'homme est un bras pour la pensée et il se peut que la pensée soit aussi un bras pour d'autres pensées dans des régions de plus en plus élevées, jusqu'à la Divinité qui utilise tous les bras, c'est-à-dire toutes les créatures.

Et voilà pourquoi la Science initiatique a de tout temps formulé l'idée que tout ce que nous voyons dans la nature : les animaux, les insectes, les arbres, les montagnes, les lacs, les fruits, les fleurs... ne sont que des pensées cristallisées. Oui, des pensées projetées par Dieu et qui sont devenues visibles. Vous aussi, vous êtes des pensées matérialisées. L'homme est une pensée, une idée... Et pour savoir maintenant quelle est la pensée, quelle est l'idée qui est à l'origine d'une créature, il suffit de se baser sur la forme de cette créature. Si un homme est parfait, c'est que la pensée qui lui a donné naissance est parfaite. Chaque pensée se matérialise : la pieuvre, le ver, le scorpion, le tigre ont pris la couleur, la forme, l'allure de la pensée qui s'est introduite au-dedans, une pensée de cruauté, une pensée de méchanceté, une pensée de haine, ou de ruse, ou de sensualité. Donc, chaque pensée, chaque idée (quoique ces deux termes « idée » et « pensée » aient un sens différent), a une forme, une couleur, une dimension. C'est pourquoi tous les Initiés voient et envisagent le monde comme une création de la pensée, une condensation de la pensée, de la pensée divine.

Lorsque les hommes ont des pensées et des désirs divins, déjà ces pensées et ces désirs se réalisent quelque part dans l'univers, mais aussi dans leur être lui-même. Et lorsque les hommes sont méchants, vindicatifs, cruels, leurs pensées et leurs désirs se réalisent aussi toujours sous une forme ou sous une autre quelque part dans le monde et en eux-mêmes. Ce n'est évidemment pas visible tout de suite, mais un beau jour, tout se voit. Et ce qu'il faut savoir aussi, c'est que toutes les plantes vénéneuses et tous les animaux dangereux sont alimentés, nourris et soutenus par les mauvaises pensées ou les mauvais sentiments des humains. Oui, le venin qu'ils contiennent se distille quelque part et va renforcer la nocivité de ces animaux et de ces plantes. Tandis que les bonnes pensées, les bons sentiments de toutes les créatures visibles et invisibles vont renforcer tout ce qui est beau, charmant et parfumé dans la nature. Donc, à notre insu, nous participons à la création dans ce qu'elle a de meilleur ou de pire.

Ce qui empêche les humains de comprendre les effets de leurs pensées et de leurs sentiments c'est que ces effets ne sont pas immédiats. Mais ce ne sont pas les effets immédiats qui doivent vous convaincre. Certains disent : « Puisque nous ne voyons pas le résultat, il nous est impossible de croire. » Mais les Initiés qui se sont donné la peine d'observer, de constater, de vérifier ce qui se passe dans la nature, savent que tout finit par se condenser. Exactement comme cela se produit pour la cristallisation des sels. Vous regardez un liquide où un chimiste a fait dissoudre un sel et vous dites : « Il n'y a rien dans ce liquide », parce que vous ne voyez rien. « Attendez, dit le chimiste, on va le chauffer. » Et sous l'effet de la chaleur des cristaux apparaissent. Si on donne des conditions convenables à un sel, il cristallise. Il y a aussi beaucoup de choses dans la tête des humains : si vous leur donnez des conditions convenables, vous les verrez se matérialiser par des actes.

Je vous dirai maintenant que la pensée peut

aussi se réaliser d'une autre manière. Quelqu'un veut, par exemple, mettre par la pensée du sel dans un potage. D'après moi, je vous l'ai dit, il est préférable de saler sa soupe en prenant le sel avec sa main ! Mais supposez que certains connaissent les lois de matérialisation de la pensée telle qu'on la pratique dans les séances spirites ; ils peuvent alors matérialiser une main fluidique, et avec cette main-là, qui est déjà condensée mais invisible, ils iront chercher le sel et le mettront dans le potage. La pensée est donc capable de toucher la matière, mais par l'intermédiaire d'un autre plan : il faut l'envelopper d'une matière plus épaisse, la matière éthérique ; et cette matière éthérique touchera la matière physique car elles appartiennent à la même région et ont donc des affinités.

Pour qu'elle puisse agir sur les objets et sur les êtres, il faut condenser la pensée. Et c'est toujours possible : en travaillant longtemps sur certaines créations mentales, en leur ajoutant même des particules de sa propre matière, l'homme finit par habiller ces formes-pensées de matière physique. Certains fakirs peuvent le faire rapidement, car ils connaissent les techniques qui permettent de matérialiser une forme-pensée pour qu'elle soit visible et tangible. Mais ce que l'on peut arriver à obtenir de cette façon n'est pas d'un degré très élevé.

Envoyer de la poudre par la pensée ou faire se matérialiser des fruits ou des fleurs, bien sûr c'est fantastique, mais en quoi de pareilles prouesses peuvent-elles servir pour la venue du Royaume de Dieu ?

Vous devez savoir que les Initiés ne s'occupent pas de produire des phénomènes de ce genre. Ils peuvent le faire, mais ils connaissent beaucoup d'autres choses qui leur font comprendre que ce ne sont pas des activités très économiques et qu'il leur faudrait perdre beaucoup d'énergie et beaucoup de temps pour rien. C'est tellement plus facile de se servir de sa main pour saler son potage !

Mais alors, sur quoi se concentrent les Initiés ? Sur d'autres activités bien plus importantes. Ils travaillent pour produire des transformations bénéfiques dans la tête des humains. Car une fois ces transformations produites dans leur tête, la tête trouvera le moyen de communiquer avec le sentiment, le sentiment avec les actes... et c'est ainsi que les humains finiront par prendre la bonne direction. Voilà donc une activité plus utile que d'aller se concentrer pour déplacer, soulever ou tordre des objets, car en s'adonnant à ce genre de pratiques on ne fait rien dans l'âme, le cœur et l'intellect des humains pour les améliorer, les instruire et les amener vers Dieu. Certains yogis ou magiciens se sont arrêtés sur des phénomènes d'une très petite importance, tandis que les vrais sages se disent : « C'est possible, nous pouvons le faire, mais nous perdrons beaucoup de temps et d'énergie, et pour obtenir quoi ? Si peu ! Ce n'est donc pas la peine. Nous allons concentrer notre énergie à travailler dans d'autres domaines qui sont des millions de fois plus importants pour l'avenir de l'humanité. » Voilà comment raisonnent les sages.

Vraiment, je suis étonné quand je vois certains fakirs, certains yogis qui se sont exercés à réussir des tours invraisemblables pour épater les badauds. Celui qui possède des dons psychiques exceptionnels, une capacité de concentration, une puissance de pensée hors du commun doit les faire servir à la recherche du Royaume de Dieu, non à des exhibitions de cirque.

Donc, vous non plus, je ne vous conseille pas de vous embarquer dans ces exercices de magie. Ce savoir que nous possédons, nous devons l'appliquer uniquement à un travail qui en vaut la peine et qui est vraiment de la plus grande importance pour l'avenir de l'humanité. Et puisque vous savez maintenant que tôt ou tard la pensée se réalise, vous devez augmenter votre espérance, votre courage, et ne plus tellement attendre de résultats immédiats. Si vous comptez sur des résultats immédiats, vous serez déçus, découragés, vous abandonnerez tout, et c'est dommage.

Alors, que faisons-nous dans la Fraternité Blanche Universelle ? Nous travaillons à construire des ponts. Je vous l'ai dit depuis longtemps, vous êtes des ouvriers des Ponts et Chaussées. Oui, vous construisez des ponts entre vous et le soleil, entre votre pensée et la matière, tout simplement, et comme cette installation est délicate et compliquée, il faut beaucoup de temps. Mais une fois l'installation terminée, vous verrez comme tout va fonctionner ! Vous appuierez sur un bouton et, dans l'usine, toutes les machines se mettront en marche, mais à la condition que tout soit bien branché.

Regardez aussi une montre : elle possède un ressort qui met en mouvement le rouage, c'est-à-dire tout un système de roues qui, de la plus grande à la plus petite, se transmettent le mouvement, jusqu'à celles qui touchent les aiguilles et les font marcher. Le ressort n'est pas directement lié aux aiguilles, sinon il leur donnerait une impulsion trop brusque. Il y a entre eux des intermédiaires pour maîtriser le mouvement, le doser, le régler avec précision. Alors les aiguilles marchent... Là encore, vous voyez, il existe des intermédiaires entre le principe qui donne l'élan, l'impulsion, et les organes qui exécutent un ordre ou affichent un résultat. Et il y a encore bien d'autres mécanismes dans une montre que vous retrouverez dans l'organisme humain. Celui qui observe et qui raisonne correctement verra partout cette grande vérité en physique, en chimie, en biologie, en géographie, en histoire, en sociologie, en psychologie, partout.

Pour que le corps physique ou la terre se transforme, il faut d'abord établir les communications avec le monde de l'esprit, avec le Ciel... on peut dire aussi avec le monde des Idées dont parlait Platon, c'est-à-dire le monde intelligible, le monde des archétypes qui n'est autre pour moi que le monde divin. Ces voies de communication passent par l'âme : l'esprit n'arrive à toucher la matière qu'à travers cet intermédiaire qu'est l'âme, à laquelle correspondent, dans l'organisme humain, le système nerveux et le système circulatoire. Le système nerveux est plus proche de l'esprit et le système circulatoire plus proche de la matière. Le système nerveux est analogue à l'air, qui alimente le feu, c'est-à-dire l'esprit ; le système circulatoire est analogue à l'eau qui nourrit la terre, c'est-à-dire le corps physique. Il faut étudier ces deux intermédiaires, l'air et l'eau, auxquels correspondent dans le plan psychique la pensée et le sentiment.

Donc au sommet il y a l'esprit qui influence la pensée. La pensée est plus matérielle que l'esprit et elle est toujours liée au sentiment. Si vous pensez, par exemple, qu'un ami devient vraiment nuisible et dangereux pour vous, vos sentiments changent, vous cessez de l'aimer. Inversement, si vous découvrez qu'un être pour qui vous n'éprouviez rien peut être bénéfique pour vous, que c'est la Providence qui vous l'a fait rencontrer pour votre bien, vous commencez à l'aimer. Le sentiment varie d'après la nature des pensées, combien de fois on l'a constaté ! Et quand le sentiment est là, c'est lui qui pousse l'homme à agir, car il veut toujours s'exprimer à travers des actes. Vous pensez à une femme : si vous n'avez aucun sentiment pour elle, vous pensez seulement qu'elle est jolie, qu'elle est belle, et vous la laissez tranquille. Voilà que le sentiment apparaît : d'un seul coup, vous vous montrez entreprenant. Le sentiment n'attend pas, il met votre corps en mouvement et vous galopez pour lui acheter des fleurs, lui faire la cour ou l'embrasser. Quand le sentiment n'est pas là, même en la trouvant charmante, merveilleuse, vous pensez : « Bah ! elle ne me dit rien. » Mais dès que le sentiment est là, ce n'est plus la même chose ; il se réalise tout de suite dans la matière car il est lié à elle, et il déclenche tout un mécanisme.

N'essayez pas de toucher la matière directement par votre pensée, vous n'y arriverez pas. La pensée sert surtout à connaître, à comprendre, à s'orienter, mais elle ne peut pas agir sur la matière si le cœur ne s'en mêle pas. Tant que le désir et le sentiment ne sont pas éveillés en vous, vous ne faites rien. Vous agirez peut-être pour certaines raisons, mais sans conviction, sans goût. Certaines personnes n'éprouvent aucun sentiment, mais elles agissent quand même comme des automates. Tandis que si le sentiment est là... oh ! évidemment, cela ne veut pas dire que l'on se conduise mieux. Souvent, c'est même pire, car on ignore absolument pourquoi on agit. Mais on sait au moins que l'on est poussé et on court droit au but.

J'ai laissé de côté beaucoup de détails, je me suis arrêté seulement sur l'essentiel pour que ce soit plus clair. Retenez donc que la pensée est une puissance, mais qu'il faut comprendre cette puissance de façon correcte. Tant que vous n'avez pas préparé l'outil, l'intermédiaire, le levier, le bras, ne croyez pas que vos pensées se réaliseront ; elles resteront en haut dans le plan mental en train de flotter. Elles s'enregistreront, bien sûr, mais elles ne produiront pas de résultats dans la matière. Tandis que si vous les faites descendre dans le sentiment, elles produiront toujours des résultats.

Prenons maintenant la question de l'hypnotisme. Vous donnez, par exemple, un bout de papier à quelqu'un en lui disant : « Voilà, c'est une rose, sens-la, quel est son parfum ? » Et il vous raconte quel parfum délicieux a cette rose. C'est qu'il est dans un état hypnotique où la pensée se réalise instantanément, pas dans le plan physique, mais dans le plan mental. Cet homme a capté votre pensée. Votre pensée, avec les paroles que vous avez prononcées, a déjà formé la rose dans le plan mental ; et comme l'homme n'est plus dans le plan physique, il respire avec un odorat plus subtil, dans le plan mental. Donc, il sent le parfum de la rose, il ne se trompe pas. Ou encore vous donnez de l'eau à quelqu'un en lui disant : « Voilà, c'est du cognac, tu vas t'enivrer. » Il boit et il est vraiment ivre. Que s'est-il passé ? Là aussi, il est dans une autre région, et dans cette région, cette eau n'est plus de l'eau mais de l'alcool. Cela prouve que la puissance de la pensée est absolue et immédiate, mais où ? Dans le plan mental.

Sachant cela vous pouvez tout construire, tout réaliser d'un seul coup, mais en haut, pas dans la matière. Vous voulez des châteaux, vous voulez des parcs, des jardins, des voitures, des femmes qui dansent, des oiseaux qui chantent ?... Tout de suite ils seront là. Si vous étiez un peu plus clairvoyants, vous les verriez déjà car ils sont une réalité. Vous dites : « Mais il n'y a rien, je ne les touche pas. » Ah ça, mon vieux, pour pouvoir les toucher, il te faudra peut-être des siècles ! Voilà comment on doit comprendre cette question.

Vous pouvez faire toutes sortes d'expériences. Par exemple, il souffle un vent très désagréable. Prononcez quelques paroles pour l'adoucir en lui disant : « Que tu es gentil, que tu es doux ! Tu n'es pas méchant, au contraire, tu me fais plaisir. » Et quelques minutes après... Oh ! Evidemment, ce n'est pas le vent qui a changé, c'est vous. Quelque chose en vous s'est transformé et le vent devient semblable à des caresses. Mais il faut savoir prononcer certaines paroles et on oublie de les prononcer pour se suggestionner. Vous direz : « Mais quand on se suggestionne, ce sont des mensonges, des illusions. » Ah non ! Ce sont des créations. Les suggestions sont des créations subtiles ; on a saisi quelque chose avec ses antennes et les antennes l'ont transmis jusqu'à l'épiderme ou aux papilles, c'est-à-dire jusqu'aux cellules sensibles. Voilà comment beaucoup de gens peuvent être suggestionnés, même des gens normaux. Combien de fois on a suggestionné les gens, c'est inouï ! Oui, des foules tout entières. Un homme doué d'une pensée forte et d'un cerveau très puissant dit certaines choses et tout le monde commence à sentir ces choses-là. Combien de cas on a vus dans l'histoire !

Voilà, tirez maintenant une conclusion. Travaillez avec la pensée, mais ne vous imaginez pas que la pensée se réalisera immédiatement dans le plan physique. Vous direz : « Si, parfois il suffit de prononcer quelques mots pour se sentir aussitôt dans un autre état. » Oui, mais comme je viens de vous l'expliquer, cela ne se produit pas dans le plan de la matière et des formes cristallisées, mais dans le plan astral et dans le plan mental ; c'est là que vous avez saisi quelque chose. Le changement peut donc être immédiat, mais en haut. Si vous êtes en haut, immédiatement votre pensée se réalisera.

Dans le monde physique aussi, d'ailleurs, la pensée peut se réaliser immédiatement. Certains mages ou magiciens sont capables de faire éclater des tempêtes ou de les apaiser, de provoquer des maladies ou des guérisons... Oui, mais ils ont travaillé sur les intermédiaires, sur les « ponts et chaussées ». Mais vous, en tout cas, je ne vous conseille pas de vous lancer à exercer la puissance de votre pensée sur la matière. Travaillez avec la puissance de la pensée, mais en haut, en demandant les meilleures choses pour votre évolution et celle du monde entier. Là, vous aurez toujours des résultats... Et ensuite armez-vous de patience et attendez...

Ma foi, ma confiance ne sont pas basées sur du vide, sur des illusions, mais sur une science. Tout ce que je crois, tout ce que j'espère, tout ce que je fais, est fondé sur un savoir, et vous pouvez entrer tranquillement dans ce savoir. Si vous n'avez pas de résultats, il ne faut pas dire que tout ce qu'on vous a appris est mensonger, il faut réviser de nouveau vos installations pour voir s'il n'y a pas une pièce qui manque quelque part. Impossible de mettre votre voiture en marche s'il manque certaines petites pièces. Impossible d'avoir l'heure s'il y a des poussières dans votre montre : il faut la donner à nettoyer. Donc, si quelque chose ne marche pas en vous, ce n'est pas la science qui est fautive, c'est peut-être votre savoir qui n'est pas complet.

Une fois que vous avez compris cela, vous avez toutes les possibilités de créer. Car les créations de l'esprit sont les vraies créations. Vous ne les voyez pas ? Cela n'a aucune importance ; ne vous arrêtez pas sur la question de voir ou de ne pas voir. Il faut savoir que ce sont des réalités, c'est tout. Et en croyant à leur réalité, vous aidez ces créations à s'incarner beaucoup plus vite dans la matière. Oui, si vous connaissez bien toutes ces vérités, vous pouvez faciliter le travail de tous les esprits lumineux dans le monde, ce travail auquel vous êtes tous destinés à participer un jour pleinement, consciemment. Si jusqu'à maintenant votre travail est resté inefficace, c'est que vous n'étiez pas prêts, les intermédiaires n'étaient pas encore au point, vous n'aviez pas encore suffisamment travaillé sur eux, vous ne les connaissiez même pas ; alors, comment travailler sur ce que l'on ne connaît pas ? Mais puisque vous connaissez maintenant leur existence et leur importance, avec la plénitude de la foi vous arriverez à travailler sur ces intermédiaires, et ensuite, vous pourrez vous jeter dans ces créations fantastiques.

Déjà, certains d'entre vous commencent à réaliser ces créations, mais elles sont encore hybrides, encore chétives et instables, parce que vous n'êtes ni convaincus ni très conscients, et une partie de vos pensées se promène par ici, une autre traîne par là... Certains jours vous êtes plus conscients, plus en accord avec votre idéal divin, plus décidés enfin à vous mettre en harmonie avec lui. Mais d'autres jours, vous dites : « Bon, bon, aujourd'hui je me laisse faire, mais demain on verra... Aujourd'hui je fais une petite concession, mais demain je me reprendrai. » Bon, comme vous voulez, mais ne vous étonnez pas si votre pensée reste inefficace.

« Maintenant, direz-vous, comment se mettre en contact avec le monde de l'esprit ? » Je vous parlais tout à l'heure des antennes qui captent les ondes, les vibrations. L'homme possède de telles antennes, des antennes spirituelles. Mais tandis que les antennes matérielles de radio, de télévision... restent fixes, les antennes spirituelles, elles, sont mobiles, extrêmement mobiles, parce qu'elles sont vivantes. Ces antennes sont comparables à une série de diapasons qui, suivant la longueur de leurs branches, vibrent à certaines longueurs d'onde avec lesquelles ils sont en résonance, en affinité. Vous pouvez faire une expérience : vous disposez sur des supports plusieurs diapasons de longueurs inégales et vous jouez au piano différentes notes : do... mi... la... A chaque note, vous entendrez un diapason qui répond : c'est celui qui se trouve en parfaite affinité avec l'onde qui lui parvient. Il en est de même pour l'homme. S'il veut capter les ondes du Ciel, il doit raccourcir ses antennes ; plus il les allonge, plus il reçoit les ondes d'en bas, jusqu'au monde infernal. Il dépend donc de l'homme de se mettre en contact et de vibrer sur telle ou telle longueur d'onde d'après la longueur de ses antennes. Je dis « allonger» ou « raccourcir » ses antennes, mais c'est une façon de parler ; on peut employer aussi d'autres expressions qui signifient que l'homme se matérialise ou se spiritualise. Plus il se matérialise, plus il reçoit les communications des régions inférieures ; plus il s'affine et se spiritualise, plus sa vie devient intense et plus il capte les ondes du Ciel. Cela dépend de lui, car intérieurement, il possède toutes les possibilités.

Voilà un champ immense pour tous ceux qui veulent devenir de véritables créateurs.

Retenez donc que la pensée est toute-puissante, mais dans sa région, c'est-à-dire dans le plan mental, car étant faite d'une matière extrêmement subtile, elle ne peut agir instantanément que sur une matière aussi subtile que la sienne pour la façonner. Si vous voulez un palais, une montagne, une rivière, un enfant ou une fleur, tout de suite cette pensée se réalise, se matérialise, mais dans sa propre région. Pour pouvoir se concrétiser, il faut qu'elle descende. Et comme la pensée a effectivement toujours tendance à se matérialiser, elle descend dans le plan astral, elle s'habille dans des vêtements un peu plus épais, et elle travaille là. Quelque temps après, elle descend dans le plan éthérique et elle devient encore plus dense, jusqu'au jour où elle se réalise dans le plan physique.

Ce fonctionnement de notre vie psychique est idéalement exprimé par l'image du soleil qui ne peut agir sur la terre et la modeler que par l'intermédiaire de l'air et de l'eau. Si vous arrivez à comprendre ce processus, vous deviendrez capable de faire des merveilles. Toute la science de la magie blanche et de la théurgie est là, contenue dans cette image des quatre éléments : le soleil, l'air, l'eau, la terre.

Dépôt légal : Novembre 1993 – N° d'impression : 2090 – Imprimé en France
Imprimerie Prosveta, Z.I. du Capitou, B.P. 12
83601 Fréjus Cedex